叱っているときに
こんな経験はあ

パワーハラスメントになる可能性も！

☐ **言わなくていいことまで、
つい言ってしまった**

☐ **大きな声で
怒鳴ってしまった**

☐ **物に当たってしまった**

☐ **怒った後に後悔したことがある**

☐ **相手との関係が悪くなってしまった**

1つでも当てはまったら、アンガーマネジメントが必要です。

　アンガーマネジメントは、心理トレーニングの1つです。決して「怒らない人」になるわけではありません。「怒ること」と「怒らないこと」の線引きをし、怒る必要のあることは上手に怒る・叱る、怒る必要のないことは怒らない・叱らない、の使い分けができるようになることです。

1

① 私たちを怒らせるものは何？

　私たちの中にある怒る原因は、怒らせるようにした「相手」でも「出来事」でもなく実は、私たち自身の中にあります。

　それは、「～であるべき」「～べきでない」というような考えや物に対する信念のようなもので「コアビリーフ」と呼ばれます。私たちはこの「べき」が裏切られると怒りを感じます。

© （一社）日本アンガーマネジメント協会資料をもとに作成

　だから、「部下はこうあるべき」と思っているのにそうならない部下に対し怒りを覚えたり、「事前に報告をするべき」と思っているのに事後報告だった場合にはいら立ちを感じてしまうのです。

「仕事には一生懸命取り組むべき」と思っているのに相手が思った通りに行動してくれないと、「イラッ」とすることがあります。ですが、相手には相手の「べき」があり、相手は相手なりに一生懸命取り組んでいると思っているかもしれません。

　たとえこちらが「そんなの常識!」「普通!」と思ったとしても、「常識」や「普通」は人それぞれ。100人いたら100通りの「べき」があるのです。

例：「時間は守るべき」のように、同じ「べき」を持っていても5分前到着の人と、時間ちょうどでよいと思う人とでは「べき」の程度が違います。

「べき」は、
① それぞれ全て正解
② 人によって程度の違いがある
③ 時代、立場、場所によって変化する

「10時集合」と いったら…?!

どれが正解？

10時ちょうど集合

5分前に集合

10分前に集合!

　この、人それぞれの違いを心に留め、自分と完璧に同じ「べき」を求めるのではなく、「まあ許せる」のゾーンを広げていく努力をしましょう。

© (一社) 日本アンガーマネジメント協会資料をもとに作成

　「まあ許せる」のゾーンを広げることができたらその日の機嫌で変えたりしてはいけません。
　そして、「まあ許せる」のギリギリラインが決まったら、周りの人にも「最低限守ってほしいこと」として伝えます。（例：5分前までに集合）
　そうすることでコミュニケーションが取れ、お互いの守ってほしいラインが分かるようになります。

③ こんな怒り方・叱り方は要注意！

4つの怒り方のパターン

　怒りは人間に備わった自然な感情の1つなので、なくすことはできません。怒ることは必ずしも悪いことではないのです。でも、次のような怒り方・叱り方をしている人はいませんか。

　これらの4パターンの怒り方・叱り方をしている場合、部下や同僚から「怒りっぽい人」「すぐ怒鳴る人」「同じことで何度も怒る人」といった悪い印象を持たれてしまいます。さらには、パワーハラスメントと言われてしまう可能性もあるのです。まずはどういう怒り方をしているかを本人が気付き、「本当に怒る必要のあることなのか？」「攻撃的な話し方をしていないか？」などを意識することで少しずつ変わることができます。

ちょっとしたことでも激昂し、大声で怒鳴る

❶強度が強い

昔のことを根に持ったり、突然過去のことを思い出して怒る

❷持続性が高い

一日中イライラしたり、小さなことですぐカッとなる

❸頻度が高い

誰かを攻撃したり、自分自身を責めたり、物に当たったりする

❹攻撃性がある

　仕事上、「叱る」という行動を取らなくてはならないことも多いでしょう。では、なぜ「叱る」という場面が出てくるのでしょう?

　それは、自分の「べき」という常識や信念や「こうしてほしい」という願望を相手がそのとおり行ってくれなかったからです。

叱るって難しい

　一般的に「怒る」はただ感情をぶつけるイメージなのに対し、「叱る」は「相手のためを思って」や「相手に気づきを与えるため」といわれています。しかし、いくら「愛情を持って」「相手のためを思って」叱ったとしても、叱られた側が「責められた」

「否定された」と感じてしまえば、それは上手な叱り方ではありません。度が過ぎるとパワーハラスメントにもなってしまいます。
　上手に叱るということは、相手の間違いを指摘することでも、怒りに任せて怒鳴ることでもなく、ましてや無理やり言うことを聞かせるためでもありません。上手に相手に対するリクエストを出すことです。決して感情的にならず、「次からこうしてほしい」ことを伝えるのです。

コミュニケーション不足はトラブルのもと

　コミュニケーションがうまく取れていないと、「ちゃんとやってくれるはず」と思っていたのに「全然できていなかった」ということが起こります。

＜ 例えば……

　他の急ぎの仕事ができたのでいったん作業を中断。「加工途中なのは見れば分かるだろう」と周りに伝えずその場を離れました。

　ところが、後から来た作業員は「現場を離れたということは、もう加工が終わったんだな」と思い込み、勝手に次の工程へ進めてしまいました。

　現場を離れていた作業員が戻ってきたところ、次の工程に進んでいる状況を見て「これ、ちゃんとやった？」と聞くと「きちんとやりました」との回答が……。

　やりかけだった作業の続きを行ったかを聞いたつもりが、聞かれた側は次の工程のことかと思い「きちんとやりました」と答えます。

　明確にコミュニケーションを取らなかったことで作業工程が抜けてしまうというミスに発展してしまったのです。

こちらが思っていること、行ってほしいことを「明確」に伝えなければ相手には伝わらないのです。

「これ」とは 何を指していますか？
「ちゃんと」は どの程度ですか？
「きちんと」は どれくらいですか？

　人の感覚には違いがあります。何をしてほしいか、どうしてほしいかは、以心伝心では伝わらないのです。

さらに……

　「きっと～してくれるはず」という勝手な思い込みは、口に出さなければ相手にはまったく伝わらないのです。

「いつまでに（期限）」「何を」「どのように」というポイントを押さえ、具体的に伝えるようにします。

伝える時のNGワード

「ちゃんと」「しっかり」「きちんと」

※曖昧な表現ではなく、明確な言葉で伝えること

イライラした時の テクニック3つ!

① イライラを客観視してみよう! （怒りを数値化する）

イラッとしたときに頭の中で「この怒りは何点?」と考えます。怒りを数値化をすることで客観的になっていきます。

点数が低ければ「まあいいか」「怒るほどでもないかな」と思えるようになります。

10:人生最大の怒り

0:穏やかな状態

© (一社)日本アンガーマネジメント協会資料をもとに作成

② いったんその場から離れてみよう （タイムアウト）

イライラして冷静に対処できない時には、いったんその場を離れてみるのもよいでしょう。

その場から離れることで気持ちを落ち着かせることができます。ただし、「後から戻ってくるから」と宣言してから出ていきましょう。いったんその場を離れたら、深呼吸をしたり、コーヒーを飲んだり、ストレッチをしましょう。気持ちが落ち着いたら元の場所に戻り、冷静に話し合います。

③ 落ち着く言葉を唱えよう！
（コーピングマントラ）

　自分が落ち着くと思う言葉（コーピングマントラ）をいくつか用意し、デスクや冷蔵庫など目につくところに貼っておくとよいでしょう。

　いざ、イラッとした時にその場面に応じた言葉を繰り返し唱えることで自然と気持ちが落ち着いてきます。

例えば……

大丈夫、大丈夫、大丈夫

まあいっか、まあいっか、まあいっか

ネタになる、ネタになる、ネタになる

なんくるない、なんくるない、なんくるない

など、気持ちが落ち着くコーピングマントラを唱えてみましょう。